まちごとアジア
ネパール003

スワヤンブナート
「目玉寺」とネパール曼荼羅
［モノクロノートブック版］

さまざまな伝説や神話に彩られたカトマンズの街。ダルバール広場を中心とした市街部を、結界のように聖地がとり囲み、ネパール曼荼羅と呼ばれる街の構造をもつ。

西の丘に立つネパール仏教聖地スワヤンブナート、ちょうどその反対側のムルガスタリ鹿の森にはヒンドゥー教聖地パシュパティナート、さらにチベットへ続く街道沿いにチベット仏教聖地のボダナートが位置する。

これらの聖地では、ネパールの宗教的寛容さを示すように、宗教、宗派を問わず、巡礼する人々の姿が見られる。またカトマンズ郊外には、ネワールの集落キルティプル、美の都パタンも残り、こうした街や聖地を結ぶように円を描くリングロードが走っている。

Asia City Guide Production
Nepal 003
Swayambhunath
स्वयम्भुनाथ

|まちごとアジア | ネパール 003 |

スワヤンブナート

「目玉寺」とネパール曼荼羅

まちごとアジア
ネパール 003
スワヤンブナート

Contents

スワヤンブナート ……… 007

カトマンズの仏教信仰 ……… 015

スワヤンブナート鑑賞案内 ……… 021

キルティプル城市案内 ……… 033

獣神の棲む聖地 ……… 041

パシュパティナート鑑賞案内 ……… 047

ボダナート鑑賞案内 ……… 059

チベット仏教と巨大仏塔 ……… 071

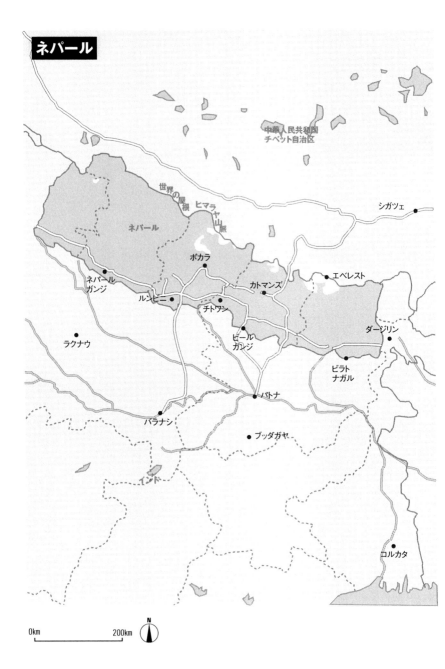

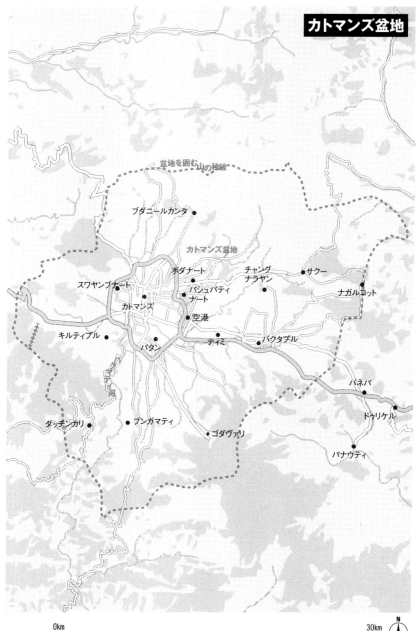

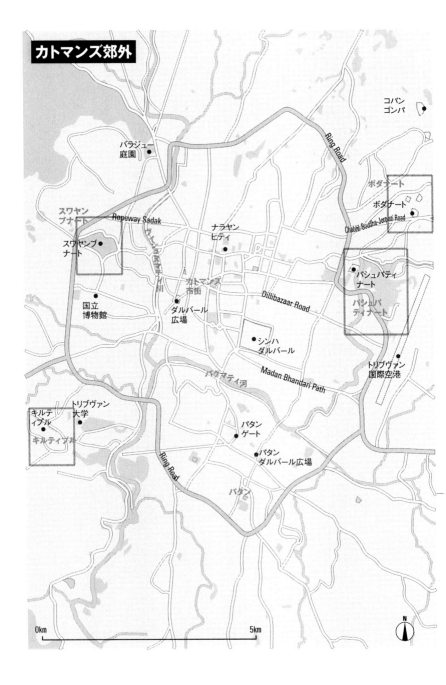

★★★
スワヤンブナート Swayambhunath
パシュパティナート Pashupatinath
ボダナート Boudhanath

★★☆
国立博物館 National Museum
バラジュー庭園 Balaju Water Garden
キルティプル Kirtipur
バグマティ河 Bagmati River

★☆☆
トリブヴァン大学 Tribhuvan University
コパン・ゴンパ Kopan Monastery

Introduction
カトマンズの仏教信仰

古い時代からインド文化を受け入れてきたカトマンズ盆地
スワヤンブナートはそうしたネパール仏教の総本山
インドでは失われたサンスクリット文化を今に伝える

文殊菩薩とカトマンズ盆地

　スワヤンブナートにまつわるカトマンズ開闢伝説が残り、湖の底にあったこの地を文殊菩薩が切り開いたことで、カトマンズ盆地が出現したと伝えられる。実際、地質学の調査でカトマンズ盆地が湖だったことが証明され、インド亜大陸のユーラシア大陸への衝突によるヒマラヤ隆起の過程で、古カトマンズ湖が生成された。また今から約6000年前、チョバール付近（文殊菩薩が一刀両断したという場所）の活断層の活動で現在のカトマンズ盆地ができあがったという報告もみとめられるという。

ネパール仏教の特徴

　ネパールでは、コーサラ国に滅ぼされた釈迦族の王宮カピラヴァストゥからその生き残りがヒマラヤ山中のカトマンズ盆地に逃れてきたという伝説が残っている（クマリを輩出するサキヤ族はこの一族の末裔だとも言われる）。ネパールに仏教が根をおろしていくのは5世紀のリッチャヴィ朝の時代のことだとされるが、13世紀のイスラム勢力の侵入でインドの仏教教団がついえたあとも、山深いネパールではサンス

四方を見渡す目玉はカトマンズの象徴的モニュメント

カトマンズ市街西の丘に立つスワヤンブナート

赤の袈裟をまとった仏教僧

クリット語経典などが保管されることになった。また20世紀のチベット動乱の際には多くのチベット人がネパールへ移住したことからも、この盆地は仏教の伝統を守る場所になってきたと言える。

混在する宗教

スワヤンブナートの丘にはネパール仏教徒、チベット仏教徒、ヒンドゥー教徒など異なる信仰をもつ人々が巡礼に訪れていて、ネパール人の宗教観を示す格好の場所となっている。ネパール国内では、仏教徒は人口の10％程度の少数派だとされるが、大多数をしめるネパールのヒンドゥー教徒も仏教の神々に額づくといった光景が見られる（密教ではヒンドゥー教の神々がとり込まれ、ヒンドゥー教では「ブッダはヴィシュヌ神の化身」と考えられている）。

ネパール仏教とチベット仏教双方の伝統が残る

Swayambhunath
スワヤンブナート鑑賞案内

カトマンズ盆地を見渡す丘のうえに立つスワヤンブナート
世界遺産にも登録されている
ネパール仏教の聖地

スワヤンブナート ★★★
Swayambhunath　स्वयम्भूनाथ

　古くカトマンズ盆地が湖の底にあったとき、スワヤンブナートの丘は湖に浮かぶ島であったという。ある日、この島に咲く蓮から大日如来が現れ、その話を聞いた文殊菩薩が五台山(中国山西省)からスワヤンブナートを訪れ、利剣で山を切って水を排出したことでカトマンズ盆地が形成された。文殊菩薩は大日如来の出現をたたえて、奉納する仏塔をこの地に建てたと言われ、スワヤンブーとは「自存者」「万物の創造者」を意味する(ブッダを悟りにいたらしめた絶対真理、大日如来のこと)。そのためスワヤンブナートはネパール仏教の根源的存在として信仰され、ここの仏塔がネパールすべての仏塔を統べると位置づけられている。ストゥーパに描かれた「ブッダ・アイ」から目玉寺の愛称をもち、長い階段をのぼるとカトマンズ盆地を広く見渡すことができる。

スワヤンブナートへの階段 ★☆☆
Stairs／सीढीहरू

　スワヤンブナートへ続く385段の階段。階段両脇には獅子や象、ガルーダなどの彫刻がおかれている。スワヤンブナートの丘には野生の猿が棲息していて、長い階段の手す

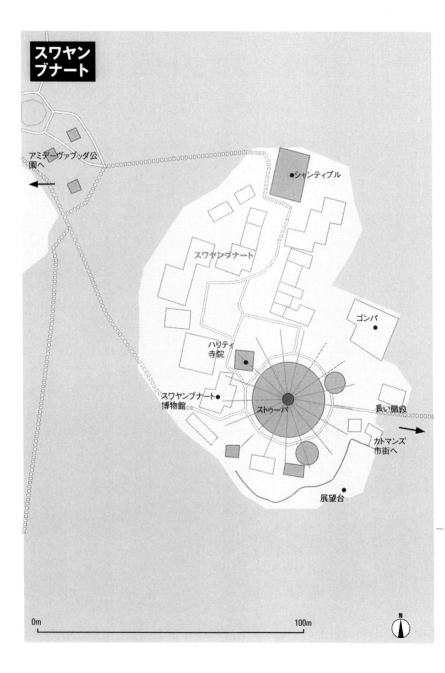

りで遊ぶ猿の姿なども見られる。そのためこの寺院は「モンキー・テンプル(猿の寺)」の愛称でも呼ばれる。

ドルジェ ★☆☆
Great Thunderbolt वज्र

　頂上の長い階段をのぼりきったところにおかれた巨大なドルジェ(大金剛杵)。ドルジェは煩悩を滅ぼすための密教の法具で、日本の真言宗などでも使われている。

スワヤンブナートの仏塔(ストゥーパ) ★★☆
Stupa स्वयम्भूनाथ स्तुप

　スワヤンブナートの仏塔の創建は2000年前にさかのぼるとも伝えられるが、歴史的にはプリシャデーヴァ王(4世紀末から5世紀初頭)が仏教寺院を建立したことにはじまる。ストゥーパは時代とともに拡張され、13世紀までに現在の規模となった(15世紀、イスラム勢力の侵入で破壊されたが、その後、修復された)。高さは13mで、盆地の底からはかると80mにもなる。ストゥーパに刻まれた「ブッダ・アイ」は、仏法が世界に広がることを視覚的に表現したものだと言われ、巡礼者はストゥーパのまわりを時計まわりに歩く。

★★★
スワヤンブナート Swayambhunath

★★☆
スワヤンブナートの仏塔(ストゥーパ) Stupa

★☆☆
スワヤンブナートへの階段 Stairs
シャンティプル Shantipura
ハリティ(鬼子母神)寺院 Hariti Temple
スワヤンブナート博物館 Swayambhunath Museum

マニ車をまわす女性

スワヤンブナートの山麓、ここから階段が続く

ストゥーパのそばに立つ祠

目玉寺ことスワヤンブナートのストゥーパ

マニ車（マニコロ）★☆☆
Mani Khorlo／प्रार्थना व्हील

　なかに経典がおさめられ、側面には神聖な真言マントラが刻まれたマニ車。参拝者は円筒形のマニ車を右回りに回転させながら巡礼する。マニ車を一回転させると、お経を一度唱えることと同じご利益があると言われる。

シャンティプル ★☆☆
Shantipura／शांतिपुर

　伝説の聖者シャーンティカラ・アーチャーリヤが棲むと考えられる洞窟シャンティプル。ここに安置されているマンダラは竜王の血で書かれたのだという。

ハリティ（鬼子母神）寺院 ★☆☆
Hariti Temple／हारीती मन्दिर

　天然痘をはじめとした病気から子どもを守ると言われる鬼子母神がまつられている。鬼子母神はかつて子どもさらいのメス鬼だったが、最愛の我が子を釈迦に隠されたことで改悛し、子どもたちの守護神になったという。子連れの参拝客が多く見られる。

スワヤンブナート博物館 ★☆☆
Swayambhunath Museum／स्वयम्भूनाथ संग्रहालय

　仏像や仏具などの仏教美術や法具が展示されたスワヤンブナート博物館。巡礼宿の隣にある。

アミデーヴァブッダ公園 ★☆☆
Amideva Buddha Park　अमिदेवा बुद्ध पार्क

　スワヤンブナートの西麓に整備されたアミデーヴァブッ

五色の祈祷旗タルチョがはためく

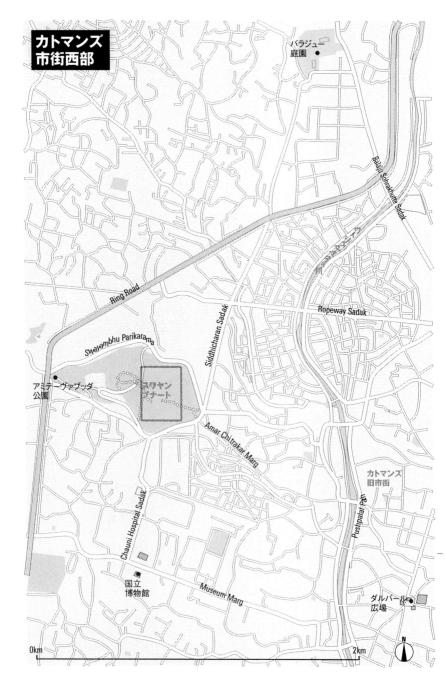

ダ公園。巨大な金色の三尊像が見られる。

国立博物館 ★★☆
National Museum／राष्ट्रिय संग्रहालय

　インド文化をもとにしながら、彫刻、建築などで優れた美術工芸品が育まれてきたカトマンズ盆地。国立美術館には古代から中世、近代とネパールを彩る芸術品が展示されており、質量ともに見ごたえがある。マヤ夫人の右わき腹から生まれる『ブッダの誕生』(9世紀)、チャング・ナラヤンから出土したヴィシュヌ神の人獅子の化身『ヌリシンハ像』(8世紀)や『ヴィシュヴァルーパヴィシュヌ』(9世紀)、ネパール仏教でとくに信仰されている、あらゆる人々を救済するという『不空羂索観自在立像』(19世紀)、200以上の仏がならぶ『法界曼荼羅』、密教の仏『転法輪大日如来坐像』や『不空成就如来像』、5世紀のリッチャヴィ朝時代にさかのぼる『世界を3歩でまたぐヴィシュヌ』などの美術品が知られる。

バラジュー庭園 ★★☆
Balaju Water Garden／बालाजु उद्यान

　バラジュー庭園はカトマンズ郊外の人気ピクニック・ポイント。花壇には季節の花が咲き、芝生でくつろぐ人々の姿が見られる。龍の口から水が流れ出るバイースィ・ダーラ(22の水汲み場)と呼ばれる蛇口が有名なほか、屋外プールも備えられている。

★★★
スワヤンブナート *Swayambhunath*

★★☆
国立博物館 *National Museum*
バラジュー庭園 *Balaju Water Garden*

★☆☆
アミデーヴァブッダ公園 *Amideva Buddha Park*

金色の座仏が見られるアミデーヴァブッダ公園

Kirtipur キルティプル城市案内

**盆地南西部のカトマンズやパタンを見おろす峻険な丘陵
カトマンズ市街から5kmの距離だが
外来者を容易に近づけない山岳都市キルティプル**

キルティプル ★★☆
Kirtipur／कीर्तिपुर

　「栄光の街」を意味するキルティプルの歴史は、シヴァデーヴァ王がネパールを統治する時代(マッラ朝以前の12世紀)にはじまったと伝えられる。その後、パタンの衛星都市として力をつけ、中世の三都マッラ朝時代後期にはカトマンズ、パタン、バクタプルと肩をならべるほどの力を誇ったという。中世に築かれた王宮を中心に細い道が張りめぐらされ、同心円状に住宅が広がっている。険しい立地はネワール族の伝統文化を保管する格好の場となり、ネワール人の伝統的な生活ぶりを見ることができる。

キルティプルの陥落

　18世紀、カトマンズ盆地へ侵入してきたゴルカ朝は、カトマンズ、パタンへの足がかりとなるキルティプルをまず攻撃した。そのときゴルカ軍は一致団結したキルティプルの住民の徹底抗戦にあい、一度は敗れた。1768年の再攻撃で街は陥落し、カトマンズ盆地の他の街への見せしめのために、キルティプルの男全員の鼻が削ぎ落とされた。その後、カトマンズ、パタンはあっけなくゴルカ朝の手にわたり、中

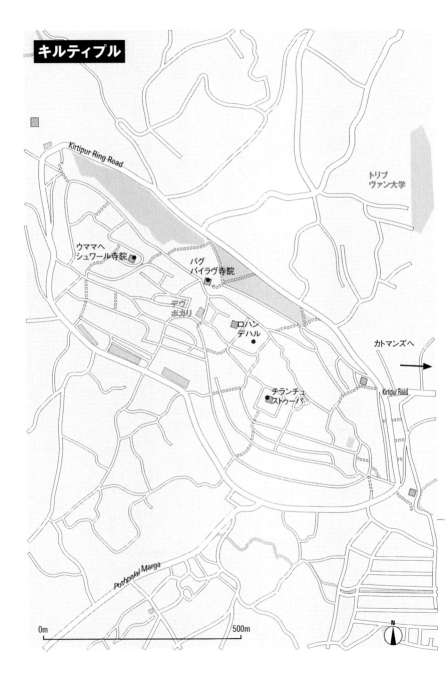

世に栄華を誇ったマッラ王朝はこうして滅亡した。都市国家がならぶ状態だったカトマンズ盆地は、ゴルカ朝のもとネパールという領域国家に組み込まれることになった。

チランチュ・ストゥーパ ★☆☆
Chilancho Stupa　चिलञ्झो स्तूप

キルティプルの仏教寺院チランチュ・バハに立つチランチュ・ストゥーパ。ストゥーパ裏には、ヒティと呼ばれる公共の水場があるが今は使われていない。

ロハン・デハル ★☆☆
Lohan Dehar／मन्दिर

シカラ様式のヒンドゥー寺院ロハン・デハル。礼拝するキルティプルの人々の姿が見られる。

バグ・バイラヴ寺院 ★☆☆
Bagh Bairav Mandir　बाघ भैरव मन्दिर

キルティプルの中心に立つバグ・バイラヴ寺院は、この街でもっとも古い建造物で、12世紀のシヴァデーヴァ三世(キルティプルの街を築いた)時代に建立されたという。かつて羊を

★★☆
キルティプル Kirtipur
バグマティ河 Bagmati River

★☆☆
トリブヴァン大学 Tribhuvan University
チランチュ・ストゥーパ Chilancho Stupa
ロハン・デハル Lohan Dehar
バグ・バイラヴ寺院 Bagh Bairav Mandir
ウマ・マヘシュワール寺院 Uma Maheshwar
トリブヴァン大学 Tribhuvan University

カトマンズで出逢った子ども、ここから郊外へ出かける

カトマンズ盆地では丘陵を利用して住居が建てられてきた

放牧していた子供たちが粘土で虎をつくり、その虎の舌に使うための木の葉を探しに出かけた。子供たちが帰ってくると、羊はおらず、虎の口のなかが血で染まっていた。この虎がバイラヴ神のシンボルとなり、虎の頭をもつバイラヴ神(シヴァ神の恐怖の姿)がまつられるようになった。

サッタール ★☆☆
Sattale सत्तल

　バグ・バイラヴ寺院に巡礼する人々のための休憩所サッタール。ネワール様式で建てられた2階建ての建物となっている。

ウマ・マヘシュワール寺院 ★☆☆
Uma Maheshwar उमा महेश्वर मन्दिर

　シヴァ神とその妻パールヴァティー女神がまつられたヒンドゥー寺院。この夫婦が寄り添う姿をウマ・マヘシュワールと呼ぶ(ただしこの寺院のふたりはウマ・マヘシュワールのポーズをとっていない)。17世紀のマッラ朝時代に建てられた三層のネワール建築で、境内からはキルティプルの街をながめることができる。

トリブヴァン大学 ★☆☆
Tribhuvan University ／त्रिभुवन विश्वविद्यालय

　トリブヴァン大学は、ネパールを代表する総合大学。キルティプルの麓、カトマンズ市街から南西に位置する。

Jyushin No Sumu
獣神の棲む聖地

焼かれる遺体、沐浴する人々
ヒンドゥー教の聖地パシュパティナートで見られる営み
バグマティ河はやがてガンジス河に合流し、天界へ還っていく

ネパール最大の聖地

　かつてパシュパティナートの地では、地下の天然ガスによる炎が燃えさかっていて、古くからカトマンズの人々に特別な場所だと考えられていた。そのためパシュパティナートにはさまざまな神話や伝説が残り、かつてネパール王族は旅をする前にパシュパティナート寺院へ礼拝し、重要な行事にあたってはインドからバラモンを呼んでこの寺院で祭祀が行なわれてきた。このような聖地パシュパティナートはネパールだけでなく、インドからも巡礼者を集めている。

沐浴する人々

　ヒンドゥー教では水は聖なるものと見られ、とくにガンジス河とガンジス河にそそぐ支流で沐浴するとあらゆる罪が清められると信じられてきた。ヒンドゥー教と仏教が混淆しているという特徴はあるものの、ネパールの大多数の人はヒンドゥー教徒で、パシュパティナートに巡礼し、沐浴する人々の姿が見られる。またここで遺体が焼かれ、その遺灰をバグマティ河に流すとガンジス河にいたり、その魂は

世を捨てたサドゥの姿もある

ネパール最大の聖地パシュパティナート

天に行くと信じられている。

シヴァ神の聖地

　シヴァ神はヴィシュヌ神とならぶヒンドゥー教の最高神で、ネパールでもっとも信仰を集める神となっている。このシヴァ神は、破壊と恵みをもたらす南アジア特有のモンスーンが神格化されたもので、南アジア各地の神を配偶神（ドゥルガー女神、カーリー女神など）や親族などのかたちで信仰体系にとりこんできた。ネパールでは獣神パシュパティ、シヴァ神の怒りの姿バイラヴァなどが街角で見られるが、これらの神々はシヴァ神そのものと信じられている。一方、ヴィシュヌ派はクリシュナ神やナラシンハ、ブッダなどを化身とし、その信仰体系をつくっている。

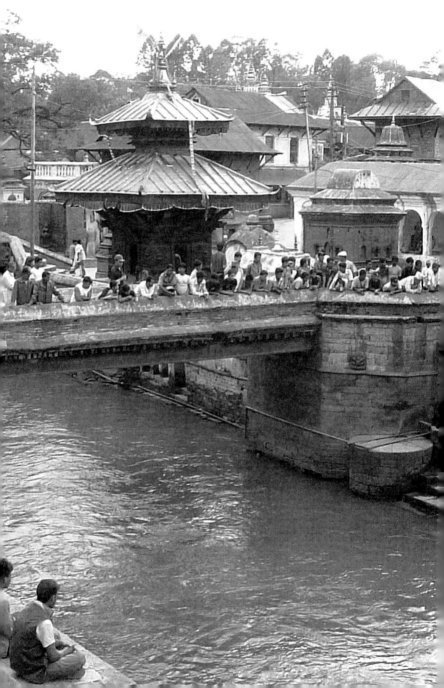

Pashupatinath
パシュパティナート鑑賞案内

ヒマラヤからくだってガンジス河にそそぐバグマティ河
人々はこの河のほとりで沐浴し、荼毘にふされる
ここはネパールの人々にとって特別なところ

パシュパティナート ★★★
Pashupatinath पशुपती नाथ मन्दिर

　カトマンズ市街からインド平原へくだり、聖なるガンジス河にそそぐバグマティ河。パシュパティナートはそのほとりに開けたネパール最大のヒンドゥー聖地で、パシュパティナートにまつられている獣神パシュパティは、シヴァ神の化身とされ、歴代ネパール王朝の庇護を受けてきた(バラナシのヴィシュワナータ寺院などとならぶ南アジアの四大シヴァ寺院に数えられる)。ここでは神に祈り瞑想するサドゥー、火葬のために薪をくべる人、ガートで沐浴する人などの姿があり、ボダナートやスワヤンブナートなどとともにカトマンズ渓谷の世界遺産を構成している。

バグマティ河 ★★☆
Bagmati River / बागमती नदी

　ヒマラヤよりくだるガンジス河の支流バグマティ河。ネパールでもっとも聖性の高い河だとされ、北東からカトマンズにいたりカトマンズとパタンをわけるように流れ、南へくだっていく。ヒンドゥー教徒はこの場所で沐浴することで身を清め、また荼毘にふされた遺灰がバグマティ河に流されるとその魂は天国へ向かうという。

バグマティ河にのぞむガート

シヴァ神のように全身を灰で塗りたくった巡礼者

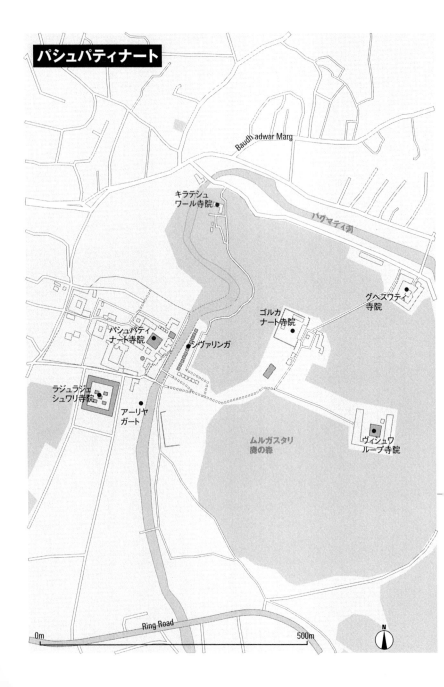

アーリヤ・ガート ★★☆
Arya Ghat आर्य घाट

　バグマティ河岸にあるガート（沐浴場）のなかでもっとも大きなものがアーリヤ・ガート。沐浴する人々の姿が見られる。バグマティ河岸にはこのガートはじめいくつかの火葬場があり、上流の火葬場は王族のためのものだった。

パシュパティナート寺院 ★☆☆
Pashupatinath Mandir／श्री पशुपतिनाथ मन्दिर

　昔、ネーパという名前の牛飼いがいて、茶毛の牝牛を飼っていた。この牝牛が毎日、バグマティ河岸に行って乳を流しているのを不審に思ったネーパがその場所を掘ってみるとパシュパティ神が突然現れた。こうしてネーパによってパシュパティ神がまつられたところが、現在のパシュパティナート寺院なのだという。シヴァ神の化身パシュパティ神をまつる寺院の存在は9世紀には確認されているが、現在の寺院は17世紀、マッラ王朝ブーパティーンドラ王によって建てられた。寺院の四方に金色の扉がついていて、その両側には神々の彫像がならぶ。この寺院にはヒンドゥー教徒以外は入ることができず、バグマティ河の対岸から寺院の様子を見ることができる。

★★★
パシュパティナート Pashupatinath

★★☆
バグマティ河 Bagmati River
アーリヤ・ガート Arya Ghat

★☆☆
パシュパティナート寺院 Pashupatinath Mandir
シヴァ・リンガ Shiva Lingam
ムルガスタリ鹿の森 Mrigasthali Deer Park
キラテシュワール寺院 Kirateswar Mandir
グヘスワティ寺院 Guheswari Mandir
ラジュラジェシュワリ寺院 Rajrajeswari Mandir

ネパールのヒンドゥー教最大の聖地パシュパティナート寺院

この地では多くのヒンドゥー聖者に出合える

バグマティ河はやがてガンジス河に合流する

シヴァ・リンガ ★☆☆
Shiva Lingam／शिव लिंगम

　バグマティ河をはさんでパシュパティナート寺院の対岸には11の白い塔が立つ。これらの塔にはシヴァ神そのものであるリンガ(男性器)がまつられている。

ムルガスタリ鹿の森 ★☆☆
Mrigasthali Deer Park　मृगस्थली

　パシュパティナート東部に広がるムルガスタリ鹿の森。昔むかし、シヴァ神は妻のパールヴァティー女神とともにカイラス山に棲んでいたが、あるときその生活に飽きてしまった。世界を見渡していたところ、カトマンズ盆地のパシュパティナートの森を魅力的に感じ、ここで暮らすことに決めた。シヴァ神は金色の角をもつ鹿の姿(パシュパティ神)となっていたが、やがてシヴァ神だと見つかりカイラス山に連れ戻されたという。このような伝説から、この森はムルガスタリ鹿の森と呼ばれるようになった。

キラテシュワール寺院 ★☆☆
Kirateswar Mandir　किरातेश्वर मन्दिर

　バグマティ河が南へ流れを変える地点に立つキラテシュワール寺院。この寺院にはネパール最古の王朝を築いたと伝えられるキラータ族(チベット語系の言語を話す)の姿をしたシヴァ神がまつられている。ある伝説ではキラータ王朝の治世に、シヴァ神はキラータの姿となってカトマンズにやってきた後、妻のパールヴァティー女神は、1000年ものあいだカイラス山から行方不明になった夫シヴァ神を探しまわった。ついにこの地で彼を見つけたパールヴァティー女神は自身もキラータの姿となった。シヴァ神はキラータの姿になったパールヴァティー女神に言い寄り、そのときはじめて自分の妻であることを知った。その後、ふたりは夫婦

パシュパティナートに立つ11のシヴァ・リンガ

仲良く暮らしてシヴァ・リンガを建立したという。この寺院には、紀元前3世紀にさかのぼる古いシヴァ・リンガが残っている。

グヘスワティ寺院 ★☆☆
Guheswari Mandir／गुह्येश्वरी मन्दिर

　シヴァ神の配偶神サティ女神(第1夫人で究極的にはパールヴァティー女神やドゥルガー女神とも同一視されている)がまつられたグヘスワティ寺院。サティ女神は父親がなくなったとき、火葬されている炎のなかへ身を投げ殉死したと伝えられる(ヒンドゥー教では夫に先立たれた妻が殉死する習慣があり、サティと呼ばれる)。グヘスワティ寺院の立つ位置は、シヴァ神に背負われて運ばれていたサティ女神の遺骸の秘部が落ちた場所だという。17世紀に現在の姿になった。

ラジュラジェシュワリ寺院 ★☆☆
Rajrajeswari Mandir　राजराजेश्वरी मन्दिर

　巡礼路をはさんでパシュパティナート寺院の向かいに立つラジュラジェシュワリ寺院。15世紀のマッラ朝時代に建てられた。

Boudhanath
ボダナート鑑賞案内

**巨大な土饅頭に載るストゥーパ
そこにはブッダ・アイが描かれ、森羅万象を見渡している
チベット仏教の信仰が息づく聖地ボダナート**

ボダナート ★★★
Boudhanath　बौद्ध नाथ मन्दिर

　カトマンズ北東、ラサに向かう途上に位置するチベット仏教の聖地ボダナート。色とりどりのタルチョがはためき、その中心のストゥーパには、四方を見渡す「ブッダ・アイ(蓮のかたちをした目)」が描かれている。中央のストゥーパを中心に広がる十字状の基壇、円と正方形を幾何学的に組み合わせて曼荼羅が表現され、周囲にはマニ車の外壁、環道、巡礼者のための宿坊が配置されている。ここボダナートには遠くチベット、ブータン、シッキム、ラダックなどから訪れる巡礼者とともに、マニ車をまわす巡礼者、真言を唱えながら進む人、五体投地をする信者の姿も見える。

ストゥーパ ★★☆
Stupa　बुद्ध स्तूप

　世界最大規模を誇るボダナートのストゥーパ。もともとストゥーパは仏舎利(ブッダの遺灰)を安置したものだったが、ボダナートではストゥーパそのものでチベット仏教の宇宙観が示されている。四角形の基壇はひな壇式になっていて「大地」を、そのうえに載る土饅頭のような鉢

チベット仏教の仏具や仏画が多く見られる

金色の仏像、目の部分が強調されてストゥーパに描かれた

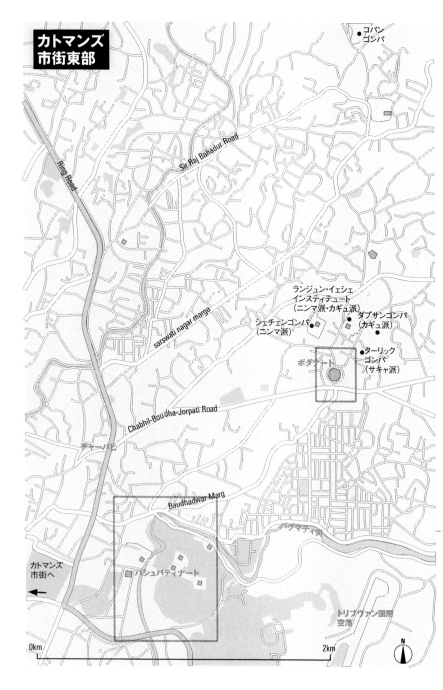

は「水」を、天に向かって細くなっていく仏塔の13の相輪は「火」を、その先端の傘は「風」を、ストゥーパの頂きの宝珠(月と太陽で象徴されている)は「空」を意味する。この「地」、「水」、「火」、「風」、「空」は宇宙を構成する五大要素となっていて、このストゥーパでは宇宙そのものが表現されている。

五体投地で祈る人々

　身体全体を大地に投げ伏して行なう五体投地。仏教における最高の礼拝方法とされ、両手、両膝、そして額という身体の5つの部位を地につけてから再び立ちあがるという動作を煩悩の数(108回)繰り返す。チベット仏教圏では広く知られる礼拝方法で、ボダナートでも五体投地で仏へ礼拝する巡礼者が見られる。

河口慧海のレリーフ ★☆☆
Ekai's Relief／एकाई कावागुची

　明治時代、ブッダの教えにより忠実な仏典を求めて、チベット入りを果たした河口慧海は、ネパールに入国したはじめての日本人でもあった。河口慧海は生涯四度カトマンズを訪れているが、ボダナート(大塔村と記している)を

★★★
ボダナート Boudhanath
パシュパティナート Pashupatinath
★★☆
バグマティ河 Bagmati River
★☆☆
コパン・ゴンパ Kopan Monastery
ランジュン・イェシェ・インスティテュート Rangjung Yeshe Institute
チャー・バヒ(チャールマティ・ヴィハーラ) Cha bahi

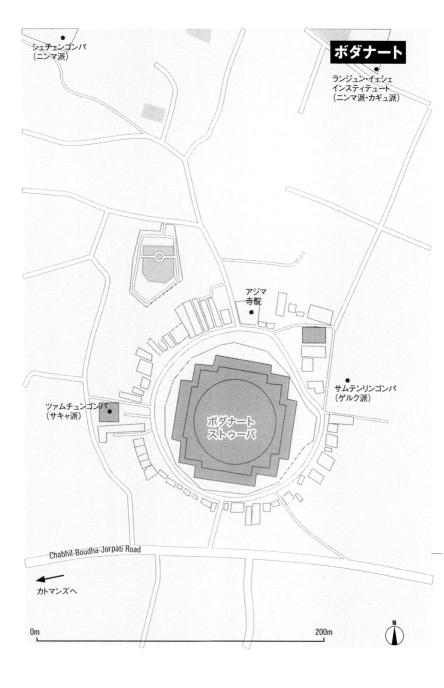

常宿の場としていた。当時、鎖国状態で、秘境とされたチベットへ行くために、河口慧海はボダナートへ巡礼に訪れるチベット人巡礼者からチベット入国の道筋や国の事情を収集した。ボダナートの村長ブッダ・バッサラと慧海は深い信頼関係にあって、チベットを急遽脱出することになった河口慧海への尽力も惜しまなかったという。ボダナートにかざられたこのレリーフには、ヒマラヤと民家を背景にした河口慧海が描かれており、「ここに日本とネパールの友好が始まる、河口慧海」という文言が、英語、日本語、ネパール語で刻まれている。

ゴンパ(チベット仏教寺院)

　チベットにはインドと中国から、仏教が段階的に伝わった。そのため時代と場所の違いで生じた異なる教義体系があり、チベット仏教には密教とその他の仏教(顕教)が併存している。これらは成立時期が10世紀を境とするニンマ(古い)派とサルマ(新しい)派に大きくわかれ、このサルマ派のなかからサキャ派、カギュ派、ゲルク派が生まれた。チベット仏教は、ニンマ派とサルマ派からわかれた3つの宗派をあわせた4つの宗派が代表的で、各派はそれぞれのゴンパ(寺院)をもち、ボダナートには20程度のゴンパがならぶ。

★★★
ボダナート *Boudhanath*
★★☆
ストゥーパ *Stupa*
★☆☆
コパン・ゴンパ *Kopan Monastery*
ランジュン・イェシェ・インスティテュート *Rangjung Yeshe Institute*

ボダナートのストゥーパ、スワヤンブナートとは目が異なる

聖地で見られた子どもの姿

ストゥーパに向かって五体投地する人々

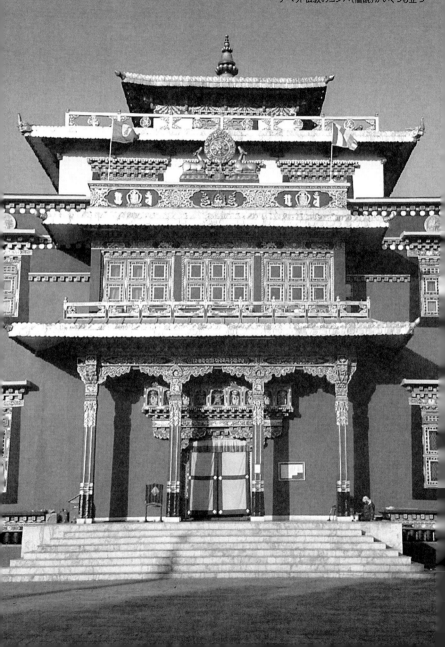

チベット仏教のゴンパ(僧院)がいくつも立つ

コパン・ゴンパ ★☆☆
Kopan Monastery／कपन गुम्बा

　チベット仏教ゲルク派のゴンパ。ゲルク派とは「徳行」を意味し、チベット史上最高の宗教者として名高いツォンカパを創始者とする。ツォンカパの後裔はカルマ・カギュ派の転生活仏の思想をとりいれて、ダライ・ラマ政権を築いた(ダライ・ラマはモンゴルのアルタン・ハンからあたえられた称号)。ダライ・ラマはゲルク派だけでなくチベットの政治、宗教の最高指導者となり、その伝統が受け継がれている。ボダナートから北西の山上にあるこのゴンパでは、チベット仏教の説法や修行に参加することができる。

ランジュン・イェシェ・インスティテュート ★☆☆
Rangjung Yeshe Institute／राङ्जुङ् बौद्ध विद्यापीठ

　カギュ派(この一派が、悟りを開いた高僧は活仏として何度も生まれ変わるという活仏制度をはじめ、ゲルク派のダライ・ラマにも受け継がれた)とニンマ派(チベットでもっとも古い宗派で古チベットのボン教の影響が残る)の教義を学ぶことができるゴンパ。ボダナートのストゥーパから北に100mほどに位置し、白い外観からホワイト・ゴンパの愛称をもつ。

チャー・バヒ(チャールマティ・ヴィハーラ) ★☆☆
Cha bahi／चाबहिल

　カトマンズ市街から北東に位置するネパール仏教寺院チャー・バヒ。寺院の名前はカトマンズ盆地を訪れたアショカ王の娘チャールマティがクシャトリヤの若者と結婚してこの地に暮らし、後に仏教寺院を建立したという説にちなむ。またチャーは「夜通しの」を意味し、チベットとの交易にあたったネワール商人たちが、この地をチベットへの旅の起点としたことから、一泊、一夜の僧院と

名づけられたという別の説もある。チャー・バヒ周辺には多数のアショーカ・チャイトヤが残り、6〜8世紀のものとされる仏像も見られる。このあたりには仏教の伝統が色濃く残っており、この地区独自のクマリも存在する。

Tibetan Buddhism
チベット仏教と巨大仏塔

曼荼羅が立体的に表現されたストゥーパ
その周囲にマニ車をまわし、真言を唱えながら進む人
ボダナートに広がるチベット世界

リトル・チベット

　インドとチベットを往来する旅人がここで宿をとり、ヒマラヤ越えの無事を祈ったというボダナート。もともとこの地はチベット仏教の拠点だったが、とくに1959年のチベット動乱以後、難民としてネパールに逃れたチベット人が住み着くようになり、リトル・チベットと呼ばれるようになった。ここボダナートでは赤い袈裟を身にまとったチベット仏教の僧、はためくタルチョやマニ車、五体投地をする人などが見られ、カトマンズ市街からわずか6kmにしてチベットが感じられる場所となっている。

正統な仏教の継承

　仏教が生まれた本国インドでは、ヒンドゥー教に吸収されたり、13世紀のイスラム勢力の侵入を受けたことで、仏教の伝統はついえてしまった。インド仏教は、ブッダの教えから大乗仏教、密教へとその教義を発展させ、その伝統はネパールを通ってチベットへと受け継がれることになった。紀元前5世紀ごろに生まれたブッダの教えは「悟りを目指して自らが修行する」というものだったが、紀元1世紀ごろに

あらわれた大乗仏教では、慈悲の精神が重視され、「人々を救済に導く衆生救済」がうたわれるようになった。この大乗仏教をさらに発展させた密教(7世紀ごろまでにインドで自然発生)では、「宇宙と自己を同一化」したり、「この世の一切が仏の現れであり、ありとあらゆるものに仏が宿る」といった教義へと展開した。

視覚的に表現された宗教観「曼荼羅」

サンスクリット語で「円」や「日輪」を意味する曼荼羅。密教では絶対の真理を言葉ではなく、視覚的に表現しようと試みられ、曼荼羅のかたちで具現された。曼荼羅ではさまざまな仏が幾何学的に配置され、密教の世界観が描き出されている(中央の大日如来が姿を変えて、諸仏として現れる)。仏僧は曼荼羅を前にして手に印を結んで真言を唱え、大日如来と自分を合一しようとする。ボダナートはこの曼荼羅を立体的に表現したものだと言われ、日本でも空海が建立した東寺に立体曼荼羅が見られる。

軸装に描かれた仏尊タンカ

大日如来、阿弥陀如来、観音菩薩、釈尊などの仏が描かれた軸装仏画タンカ。インドの布絵仏画がネパールを通ってチベットに伝わり、チベット仏教で独特のかたちに発展した。このタンカは巻物のように巻くことができるため、もち運びが容易で、巡礼者が旅に出るときの必需品となっていた。1959年のチベット動乱で、チベット難民が大量のタンカをネパールにもたらしたほか、カトマンズ盆地にはネパール仏教の軸装仏画(ネワール語でポーバーと呼ばれる)が残る。これらはインドの軸装仏画パタをもとにしていて、現在

ではタンカと総称されている。

曼荼羅構造をもつボダナート

タンカを描く職人、丁寧に丁寧に作業は進む

参考文献

『ネパール仏教』(田中公明・吉崎一美/春秋社)
『ネパール全史』(佐伯和彦/明石書店)
『密教』(正木晃/講談社)
『マンダラとは何か』(正木晃/日本放送出版協会)
『ネパール・カトマンズの都市ガイド』(宮脇檀・中山繁信/建築知識)
『ヒマラヤの「正倉院」カトマンズ盆地』(石井溥/山川出版社)
『世界大百科事典』(平凡社)
OpenStreetMap
(C)OpenStreetMap contributors

まちごとパブリッシングの旅行ガイド
Machigoto INDIA , Machigoto ASIA , Machigoto CHINA

北インド-まちごとインド

001 はじめての北インド
002 はじめてのデリー
003 オールド・デリー
004 ニュー・デリー
005 南デリー
012 アーグラ
013 ファテープル・シークリー
014 バラナシ
015 サールナート
022 カージュラホ
032 アムリトサル

西インド-まちごとインド

001 はじめてのラジャスタン
002 ジャイプル
003 ジョードプル
004 ジャイサルメール
005 ウダイプル
006 アジメール(プシュカル)
007 ビカネール
008 シェカワティ
011 はじめてのマハラシュトラ
012 ムンバイ
013 プネー
014 アウランガバード
015 エローラ
016 アジャンタ

021 はじめてのグジャラート
022 アーメダバード
023 ヴァドダラー(チャンパネール)
024 ブジ(カッチ地方)

東インド-まちごとインド

002 コルカタ
012 ブッダガヤ

南インド-まちごとインド

001 はじめてのタミルナードゥ
002 チェンナイ
003 カーンチプラム
004 マハーバリプラム
005 タンジャヴール
006 クンバコナムとカーヴェリー・デルタ
007 ティルチラパッリ
008 マドゥライ
009 ラーメシュワラム
010 カニャークマリ
021 はじめてのケーララ
022 ティルヴァナンタプラム
023 バックウォーター(コッラム~アラップーザ)
024 コーチ(コーチン)
025 トリシュール

ネパール-まちごとアジア

001　はじめてのカトマンズ
002　カトマンズ
003　スワヤンブナート
004　パタン
005　バクタプル
006　ポカラ
007　ルンビニ
008　チトワン国立公園

バングラデシュ-まちごとアジア

001　はじめてのバングラデシュ
002　ダッカ
003　バゲルハット（クルナ）
004　シュンドルボン
005　ブティア
006　モハスタン（ボグラ）
007　パハルプール

パキスタン-まちごとアジア

002　フンザ
003　ギルギット（KKH）
004　ラホール
005　ハラッパ
006　ムルタン

イラン-まちごとアジア

001　はじめてのイラン
002　テヘラン
003　イスファハン
004　シーラーズ
005　ペルセポリス
006　パサルガダエ（ナグシェ・ロスタム）
007　ヤズド
008　チョガ・ザンビル（アフヴァーズ）
009　タブリーズ
010　アルダビール

北京-まちごとチャイナ

001　はじめての北京
002　故宮（天安門広場）
003　胡同と旧皇城
004　天壇と旧崇文区
005　瑠璃廠と旧宣武区
006　王府井と市街東部
007　北京動物園と市街西部
008　頤和園と西山
009　盧溝橋と周口店
010　万里の長城と明十三陵

天津-まちごとチャイナ

001　はじめての天津
002　天津市街
003　浜海新区と市街南部
004　薊県と清東陵

上海-まちごとチャイナ

001　はじめての上海
002　浦東新区
003　外灘と南京東路
004　淮海路と市街西部

005 虹口と市街北部
006 上海郊外（龍華・七宝・松江・嘉定）
007 水郷地帯（朱家角・周荘・同里・甪直）

河北省-まちごとチャイナ

001 はじめての河北省
002 石家荘
003 秦皇島
004 承徳
005 張家口
006 保定
007 邯鄲

江蘇省-まちごとチャイナ

001 はじめての江蘇省
002 はじめての蘇州
003 蘇州旧城
004 蘇州郊外と開発区
005 無錫
006 揚州
007 鎮江
008 はじめての南京
009 南京旧城
010 南京紫金山と下関
011 雨花台と南京郊外・開発区
012 徐州

浙江省-まちごとチャイナ

001 はじめての浙江省
002 はじめての杭州
003 西湖と山林杭州
004 杭州旧城と開発区
005 紹興
006 はじめての寧波
007 寧波旧城
008 寧波郊外と開発区
009 普陀山
010 天台山
011 温州

福建省-まちごとチャイナ

001 はじめての福建省
002 はじめての福州
003 福州旧城
004 福州郊外と開発区
005 武夷山
006 泉州
007 厦門
008 客家土楼

広東省-まちごとチャイナ

001 はじめての広東省
002 はじめての広州
003 広州古城
004 天河と広州郊外
005 深圳（深セン）
006 東莞
007 開平（江門）
008 韶関
009 はじめての潮汕
010 潮州
011 汕頭

遼寧省-まちごとチャイナ

001 はじめての遼寧省
002 はじめての大連
003 大連市街
004 旅順
005 金州新区
006 はじめての瀋陽
007 瀋陽故宮と旧市街
008 瀋陽駅と市街地
009 北陵と瀋陽郊外
010 撫順

重慶-まちごとチャイナ

001 はじめての重慶
002 重慶市街
003 三峡下り(重慶〜宜昌)
004 大足
005 重慶郊外と開発区

四川省-まちごとチャイナ

001 はじめての四川省
002 はじめての成都
003 成都旧城
004 成都周縁部
005 青城山と都江堰
006 楽山
007 峨眉山
008 九寨溝

香港-まちごとチャイナ

001 はじめての香港
002 中環と香港島北岸
003 上環と香港島南岸
004 尖沙咀と九龍市街
005 九龍城と九龍郊外
006 新界
007 ランタオ島と島嶼部

マカオ-まちごとチャイナ

001 はじめてのマカオ
002 セナド広場とマカオ中心部
003 媽閣廟とマカオ半島南部
004 東望洋山とマカオ半島北部
005 新口岸とタイパ・コロアン

Juo-Mujin（電子書籍のみ）

Juo-Mujin香港縦横無尽
Juo-Mujin北京縦横無尽
Juo-Mujin上海縦横無尽
Juo-Mujin台北縦横無尽
見せよう! 上海で中国語
見せよう! 蘇州で中国語
見せよう! 杭州で中国語
見せよう! デリーでヒンディー語
見せよう! タージマハルでヒンディー語
見せよう! 砂漠のラジャスタンでヒンディー語

自力旅游中国Tabisuru CHINA

001　バスに揺られて「自力で長城」
002　バスに揺られて「自力で石家荘」
003　バスに揺られて「自力で承徳」
004　船に揺られて「自力で普陀山」
005　バスに揺られて「自力で天台山」
006　バスに揺られて「自力で秦皇島」
007　バスに揺られて「自力で張家口」
008　バスに揺られて「自力で邯鄲」
009　バスに揺られて「自力で保定」
010　バスに揺られて「自力で清東陵」
011　バスに揺られて「自力で潮州」
012　バスに揺られて「自力で汕頭」
013　バスに揺られて「自力で温州」
014　バスに揺られて「自力で福州」
015　メトロに揺られて「自力で深圳」

まちごとパブリッシングの旅行ガイド

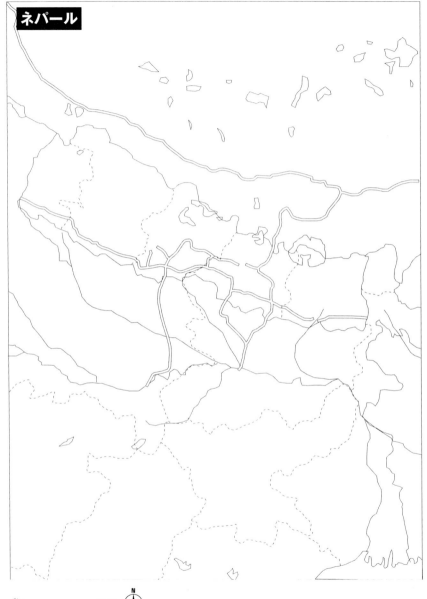

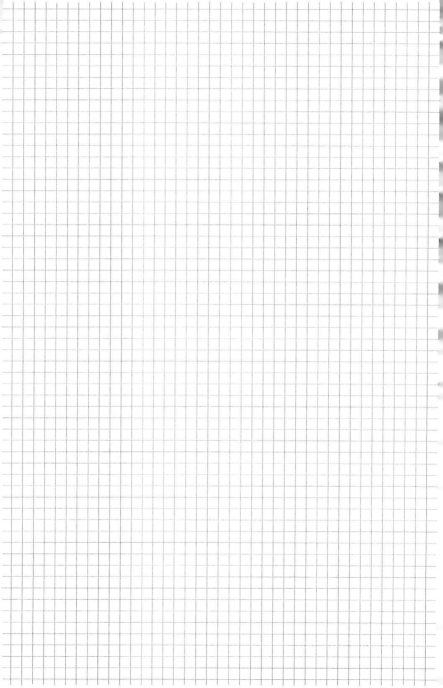

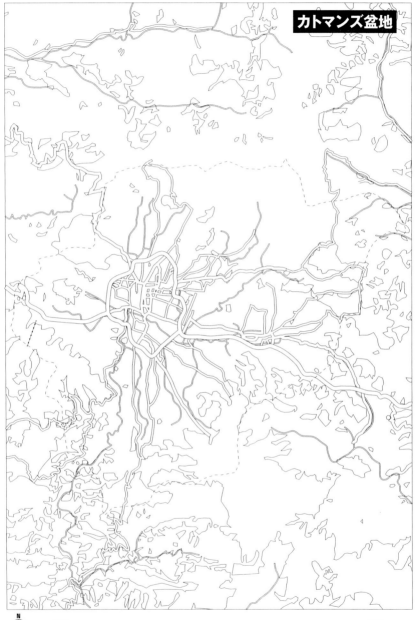

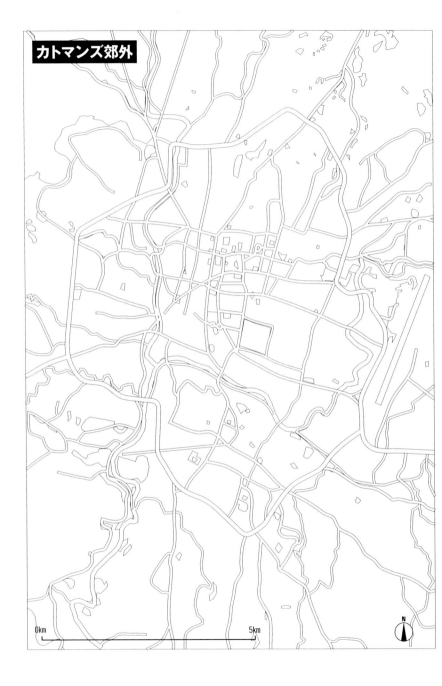

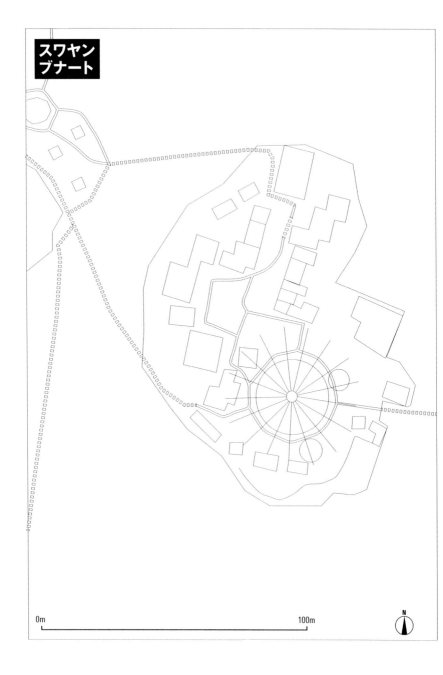

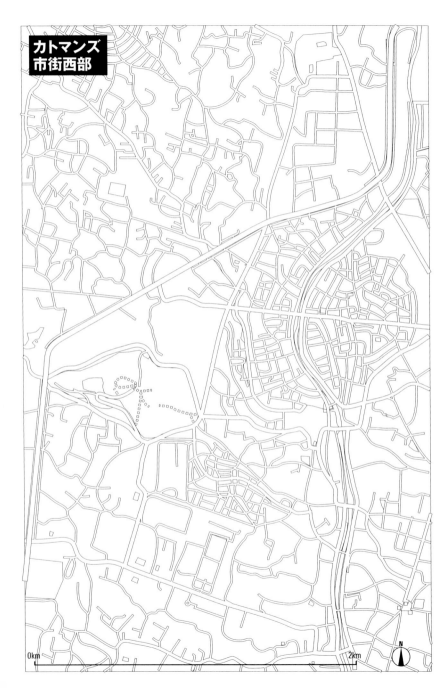

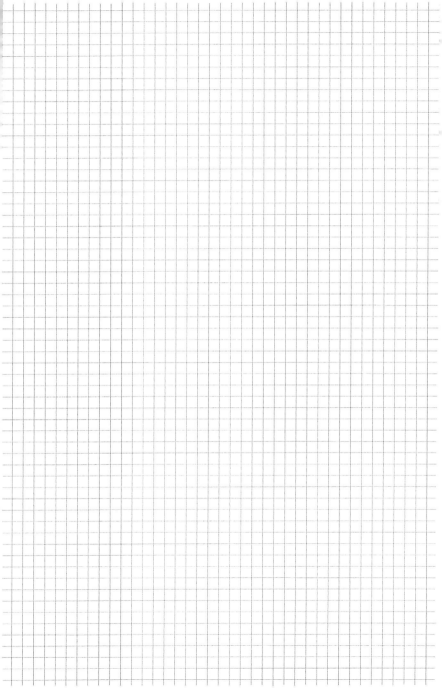

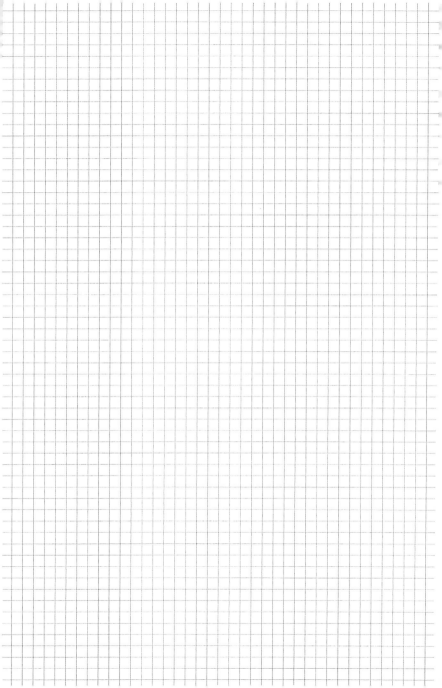

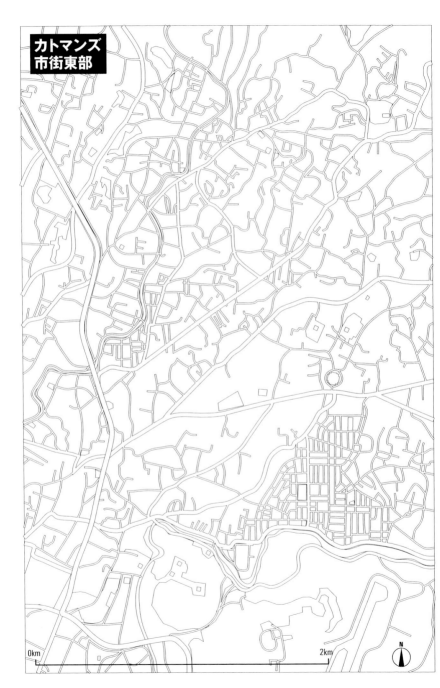

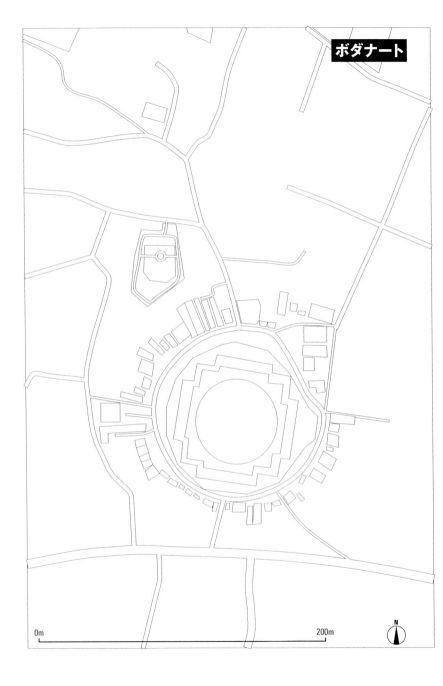

【車輪はつばさ】
南インドのアイラヴァテシュワラ寺院には
建築本体に車輪がついていて
寺院に乗った神さまが
人びとの想いを運ぶと言います

An amazing stone wheel of the Airavatesvara Temple
in the town of Darasuram, near Kumbakonam in the South India

まちごとアジア
ネパール 003

スワヤンブナート
「目玉寺」とネパール曼荼羅
[モノクロノートブック版]

「アジア城市（まち）案内」制作委員会
まちごとパブリッシング
http://machigotopub.com

・本書はオンデマンド印刷で作成されています。
・本書の内容に関するご意見、お問い合わせは、発行元の
  まちごとパブリッシング info@machigotopub.com までお願いします。

まちごとアジア
新版 ネパール003スワヤンブナート
〜「目玉寺」とネパール曼荼羅

2019年 11月12日　発行

著　者	「アジア城市（まち）案内」制作委員会
発行者	赤松　耕次
発行所	まちごとパブリッシング株式会社
	〒181-0013　東京都三鷹市下連雀4-4-36
	URL http://www.machigotopub.com/
発売元	株式会社デジタルパブリッシングサービス
	〒162-0812　東京都新宿区西五軒町11-13
	清水ビル3F
印刷・製本	株式会社デジタルパブリッシングサービス
	URL http://www.d-pub.co.jp/

MP228

ISBN978-4-86143-376-4 C0326　　　Printed in Japan
本書の無断複製複写 (コピー) は、著作権法上での例外を除き、禁じられています。